Espejismos

Jaime Oscar Sierra

Espejismos

ISBN: 9798847418676

Diseño de portada y diagramación:

Basilio Guzmán

Corrección y Conceptualización:

Ana Díaz

IMPRESO EN LOS ESTADOS UNIDOS DE AMÉRICA

Contenido

Dedicatoria

Esta obra va dedicada al Señor Jesús, el amado de mi alma; a la memoria de Robinson Rivera, el guerrero, te fuiste peleando y luchando como los mártires; a mi hermana Zaida, te extraño; a mi tía María C. Rosario; a Jacqueline Rivera, tu dolor es mi dolor, siempre estaré para ti y a todos los indefensos de la patria.

Tus pupilas redentoras me miran y pueden divisar lo que siento por las vidas que necesitan ser salvadas con el néctar de tu sonrisa.

Tus manos sostienen el mundo que se derrumba y, tú, sigilosamente siembras tus rodillas libertarias provocando redención del cielo.

Tus pisadas trazan el camino que, a la misma vez, te fue delineado para conducir a la raza, a la tierra de donde fluye leche y miel.

Tu abrazo me redime y me conduce por la ruta de la fe y la esperanza.

*Calmas mi agonía, reparas mi
corazón*

*Tiendes un puente para que
camine el trayecto*

Me conducirás por otro camino

*Metáforas con fuego que queman
las impurezas del corazón*

Verbos con flor de futuro

*Nueva y eficaz es la jornada que
recién empieza*

Voces que no emiten sonidos

*Letras que explican el dilema de la
vida confusamente*

*Sin garantías, de que el panorama
se transformará*

*Tristezas viejas en relaciones
nuevas*

*Culpas no clausuradas y perdones
que nunca se ofrecieron*

*Se alarga la agonía existencial de
tus brazos de amor*

*Huyes despavoridamente... Lo
entiendo*

*Te suelto las alas y te disparo
como tiro de amor*

o de odio

*Ve con bien; camina tu propio
camino.*

*Mañana nos miraremos a los ojos
o, tal vez,*

*Coincidiremos en la patria
celestial.*

Miro por los retrovisores confusos de la historia y puedo percatarme de posturas duales de los humanos, devaluando el patrimonio nacional y humano.

La sensibilidad tomó vacaciones en Londres; el dinero lo obtienen unos pocos, distribuyéndose así el capital de una manera injusta.

No existe compromiso con valores inculcados por nuestros mayores. Somos infelices creyendo la mentira que eres lo que tienes.

Ínfulas aburguesadas de dictador que amasa su fortuna en bancos en Suiza. De frente presentan cara de piedad, pero detrás de esa piedad se esconde el odio de concilios, de partidos que legislan la oscuridad demoníaca en cuartos oscuros. Se vive una existencia doble, te miden sin escrúpulos, asesinan reputaciones, ven al desvalido y lo empujan para que caiga. La identidad ha sido distorsionada, situándonos en un limbo existencial, con un dios con minúscula, porque en nada representan al Jesús compasivo de inclusión eterna.

La vida se nos escapa y nos dejamos guiar por una brújula que nos conduce hacia la liberación eterna, espiritual, nacional y política.

Todo se ha ido de viaje y no sabemos si regresará. Mientras tanto, yo, desde mi trinchera, transgredo el odio, convirtiéndolo en el amor que lo cambió todo.

Mientras espero mi muerte...

*Me ocupo de caminar el camino por
hacer,*

*levantar las manos de los
invisibles del sistema*

*Siembro universos con los más
pictóricos colores*

*Escribo de liberación nacional y
espiritual,*

*Abrazo al anciano quien
suspicazmente me da su sonrisa
de viejo joven*

*Doy una visita por los arrabales;
cantamos y danzamos la danza
del amor*

*Tomo posturas transcendentales,
en cuanto al país se trata*

*Hago vigilias y recito el Sermón del
Monte como el himno de los
olvidados*

*Hablo del sacrificio de amor más
revolucionario de la historia,*

*el hombre que se entregó en amor
por una patria universal*

Pienso en Benedetti, en el Gabo

*Ayuno por la liberación nacional y
la salvación eterna.*

Mientras espero mi muerte…

Mecedora confeccionada de algodones más blancos que la nieve del imperio. Seres diminutos marchando la danza de la vida.

Manos curtidas de sangre y dolor dándole vida a un cuerpo moribundo.

Flotaba en el espacio sideral donde las coordenadas indicaban mi partida inminente al otro lado de la eternidad.

Súbitamente, el trayecto de mi cuerpo fue paralizado por diminutos seres que impactaban toda mi anatomía hasta regresarme a tierra de mortales. Música entonada con la serenidad acorde con la ocasión, percibían mis oídos.

Inesperadamente, vi unas curtidas piernas color barro, como producto del camino recorrido para llegar hacia mí.

Sopló paz, vida, perdón, solidaridad y me dijo unas palabras que aún resuenan como metal amplificado: *"¡Levántate, porque la travesía será larga!"*.

Caminando la cuesta empinada,
miro a la lejanía la casona

en la que de niño me formé.

No veo la vieja con su rosario, hay
soledad, tristeza.

Me pregunto: "¿A dónde se fueron
todos?"

Mi mente recorrió el camino de la
niñez,

el olor a café cola'o que la abuela
preparó con su fe

y un consejo para todos en el
litoral:

"El que siembra vientos cosecha
tempestades"

Frases, versos,

cartas al convento de la soledad
de verbo dulce,

con autoridad que los años le
otorgaron.

Sabiduría del cielo, el abrazo
sincero cuando yo jugaba a los
vaqueros.

Explicaciones con intelecto de
temas delicados

sin tener una educación escolar.

Nos llevaba a la universidad

*con la sapiencia que las canas y la
vida le entregaran*

*en su conciencia proletaria de
justicia y paz.*

La añoro, la extraño,

*en mi oscuridad resplandece su
luz de estrella, sola,*

*hilvanando el camino de la
redención y libertad.*

Te busco...

*entre los autos que merodean mi
colindancia,*

*en la brisa que se desprende de
una tarde soleada*

*divisando el horizonte frente al
inquieto y desbordante océano,*

*en los niños del callejón con su
estómago vacío*

*producto de la desigualdad de
clases.*

Te busco...

*en una alabanza lanzada al cielo
para ver si apareces intacta,*

con la cordura que te conocí,

*en la protesta de los obreros que
luchan por su dignidad,*

*en la mirada de un viejo con cara
de ángel*

*concediéndote absolución eterna
de lo sucedido,*

*en una pareja que juega a amarse
con caricias*

que me transportan al tercer cielo.

Te busco, pero…

*no hay rastro tuyo, es como si la
tierra te hubiera tragado*

*y te hubiera enviado a un lugar
remoto, muy lejos de mí.*

*Hoy me toca continuar la jornada
con la frente en alto, como buen
guerrillero que no se rinde y
continúa hasta la redención total
de su alma.*

Hoy te pensé cercana, sutil, de igual manera que cuando mis dos pupilas te divisaron por entre las montañas de mi país. Jugué contigo, charlamos sobre diversos temas.

Tú, tan inteligente como siempre y yo, curioso por conocer las zonas geográficas de tu corazón. Cabalgué contigo en una nube de algodón; el viento nos dirigía hasta nuestro compromiso de amor.

Yo, con mi brazo por encima de tu espalda y tú, tanteando mi colindancia del amor sin fronteras. Sonreías y parecías un ángel en cuerpo de mujer. Tus caderas como tierra fértil, donde aterrizaba mi mirada coquetamente virginal. Parecías real.

Juraría que fue un fantasma lo que vi. Es más, te besé pactando nuestra historia de amor.

Rápidamente desperté del sueño y dejé que volaras, deseando que encontraras territorio seguro muy cerca del dador de la vida.

Discursos con elocuencia avalada por grandes concilios eclesiásticos, vendiendo un evangelio de un dios que no existe. Magia disfrazada de súper poderes de un monigote con ínfulas de Dios.

Bailes, comparsas en celebración de un reino invisible, creado por hombres inflados en su ego de machos cabríos.

Sacrificios, poniéndoles el collar a los incautos de tal aberración, como si pudiéramos tener la facultad de hacer milagros.

Ellos no se han enterado...

El milagro más hermoso se realizó hace siglos por un carpintero en una cruz, aboliendo todo sacrificio humano.

Nadie les ha explicado que no es por fuerza humana, realmente es por un favor inmerecido el cual ejecutó el revolucionario de amor más grande de la historia, el que no tenía dónde recostar su cabeza, el que se desprendió de sí mismo creando una revolución con divinidad eterna.

Siento el atisbo de tus pasos apresuradamente,

pero sin prisa, se acercan a una distancia aún no identificada.

Tu boca merodea mis territorios labiales, me das de tu dádiva,

pruebo tu aliento que queda impregnado en los aires,

rebotan contra mi anatomía, sin empatía.

Tu mirada me contempla todo, sin mirarme.

Tu risa bordea el hemisferio de mi corazón,

lo salpica de tristeza, rabia, dolor

con apariencia de gozo inefable.

Te alejas en las derrotas de este mortal,

secas mis risas con tus lágrimas camufladas de bondad,

me besas sin tocar mis labios, me acaricias sin manos,

me posees sin tenerme.

*Toda una madeja de
contradicciones que coincidieron*

desde la primera mirada de amor.

Ya no sé qué pensar.

Me apresuro a avanzar lentamente

para ver si el camino me encuentra

*y por fin soy redimido en redención
eterna.*

Jesús naciendo en el corazón de
los invisibles de la humanidad,

un acto de cordura y equidad.

Su risa alegrando a los solitarios,
marginados,

los que la vida maltrata día a día
con mezquindad y egoísmo.

Señores diputados asfixiando los
sueños de los más débiles,

poniéndoles el pie y empujándolos
precipicio abajo hasta deformar su
alma.

Jesús, bautízanos en redención de
alborada libre,

con el rocío de una madrugada
llena de fulgor resplandeciente.

Reclama lo que te pertenece,
Maestro.

Alcanza a los que se perdieron en
el camino

y a los que un día encontraron el
camino,

pero el camino se les escondió,
haciéndose invisible.

*Hoy tu redención alumbra la
conciencia de los malvados,*

*dándoles sensibilidad y amor, la
única fuerza que lo puede todo.*

Su mirada de niño busca puentes de hermandad solidaria, pero esa mirada, también los elude. El sol castiga su piel arrugada por las desigualdades de la vida; la lluvia descurte el dolor que le causa tener que estacionar sus sueños tronchados por lágrimas de separación familiar.

Lo conocen como "el pordiosero", el que pide en cualquier esquina del mundo para luego ir al callejón a drogarse y ser feliz por un instante. Alucina y ayuna el dolor en su alma de ángel del cielo.

Camina lento, con una pereza que se come su existencia caótica. Lo llaman fracasado, tecato, delincuente...

Un día él aspiró a realizar sus sueños; hoy aspira a un abrazo que le muestre el camino de regreso a casa.

Caminando el camino andado,

*recordando imágenes de la vieja
de la cabellera tan larga*

*que tejía puentes de conexión a
donde un día se mudó.*

*Plegarias noche y día por mi
familia, que también era la suya.*

*Mujer hecha de ausubo, de una
sola pieza.*

*El nombre de Candelaria prendía
el fuego de tesón y de gallardía de
la patria mía,*

*de mirada amorosa, en su mirada
una rosa.*

*En su verbo, una espada que
liberaba a los humanos*

*de conceptos de injusticias
milenarias.*

*De poca escolaridad, en su alma,
perdón, justicia, igualdad...*

*Hoy merodeaba el camino
nuevamente, la vi intercediendo
por la humanidad.*

Mi mente la inventó viva, rebelde

con caricias que salpicaban de su
alma.

Me acurrucaba en sus manos
puras y me cantaba al oído

una canción de cuna, himnos de
redención en eternidad.

Hoy la vi por un momento...

Cuando desperté, había volado a
la eternidad, esquina esperanza.

La primera ocasión en que mis ojos palparon ese monumento nacional, fue de una forma extraña. Al verla, quedé paralizado, idiotizado. Mi cuerpo no respondía. Un frío invadió mi piel con el aroma a tierra preñada que emanaba de su mulata piel.

Elevé alabanzas al cielo; oraciones no contestadas.

Multitud de personas y yo perplejo ante tan hermoso cuerpo. Silencios que hablaban el lenguaje del amor, palabras cargadas con el trigo joven con nuevos surcos construidos antes de caminar.

Semana tras semana se encendió la llama del amor, con sabor a patria libre. Cristo revolucionario, marginados redimidos, sonrisas y miradas jugando el misterioso juego del amor.

Sus labios de miel endulzaban mi paladar y sus abrazos que me conducían a la felicidad en utopías en realidad certera. Su piel y la mía hacían pacto de amor.

Una noche oscura como el miedo se anunció en mi corazón la crónica de un amor no consumado. Huyó al destierro y jamás la he vuelto a ver.

Sin juzgar las razones de su destierro, a cada rato la pienso y jugamos a contar historias.

Lo asesinaron por miedo a lo que él representaba para la nación borincana. Le dispararon, un tiro mortal en su frente; mataron todas sus neuronas.

Ellos no sabían que su sangre fue semilla germinada en hombres y mujeres que vienen y van llevando la liberación en todas sus manifestaciones.

Su mirada se adelantó a los esquemas de los tiempos y profetizó niños con educación, deambulantes rescatando su vida, ancianos jóvenes con la energía de Caleb y don Pedro.

Su muerte fue agónica. Molieron todo su cuerpo, uno miró a sus verdugos de frente y les dijo: "*Mátame y, hoy, la semilla se regará por el mundo*". El otro, "*padre perdónalos porque no saben lo que hacen*", pero, a pesar de no guardar rencor, nos otorgó libertad eterna. ¡Viva Filiberto!

Gloria en las alturas y paz a los hombres de buena voluntad.

Gracias, maestro Jesús, por entregar tu vida por la humanidad, alabanzas para ellos y su patria.

¡Alabanzas!

Hoy olía a ti, aromas de tu esencia me impregnaban de todos los confines del globo terráqueo.

Sentía tu abrazo con olor a salitre del mar bravío, cerraba los ojos y tu silueta se acercaba a mí, para abrazarme, contándome fábulas de amores que no llegaron a consumarse.

Juntábamos nuestros cuerpos, con la eternidad de testigo. Tomaba tus manos, olía tu cuello carente de amor. Tú, con tus posturas de la vida desde la burguesía con ideales libertarios; yo, desde el campo y un buen sorbo de café, tratando de construir un mejor mundo.

De momento, cerramos los ojos con un abrazo, reconociendo que el final de la historia de amor había concluido.

En ocasiones, cuando me detengo frente al mar, te invento, creo historias de amor, para ver si al menos imaginariamente puedo divisarte, querida mía.

Amo al caudillo eterno de la historia, el que se juntó con gente de dudosa reputación, el que no tenía dónde recostar su cabeza.

Se indignó al palpar eventos capitalistas en el templo, brotaron lágrimas de tristeza por la muerte de su amigo Lázaro, y por la incredulidad de su pueblo.

El otro es un impostor creado por sistemas de control de las masas, el de reuniones de entretenimiento los domingos, el que manipula la salvación con diezmos y ofrendas, cuando la ofrenda grata y de olor fragante es Él.

Amo al que le contestó al malhechor en la cruz diciéndole: "*Desde hoy estarás conmigo en el reino de los cielos*", el del sermón del monte.

Jesús, hablemos de filosofía, humanismo, economía, música, de imperios oprimiendo a los más débiles.

Vayamos hasta el callejón y habla con los marginados, los adictos, bautízalos con justicia social, con derechos a ser libres de toda atadura que los oprime y estrangula sus sueños.

Jesús, amigo mío, ven a nuestra isla para juntos ir por montes y arrabales, también

Tintillo y muéstrate tal como eres, el amigo de
los derechos humanos, espirituales, sociales.

Ven en redención de alborada eterna.

*Tengo alma de chico que creció
entre rosas y espinas.*

*Caminé a la intemperie sin
abrazos y deleites.*

Mi vida fue solitaria, triste, hostil,

*sin que nadie me explicara el vacío
que tenía mi alma.*

*Fui deambulante en mi propia
casa; fui indigente, invisible en la
sociedad.*

*Los complejos, las inseguridades
eran la orden del día.*

*Fui creando una conciencia
proletaria, fui educando mi
intelecto,*

*con música, musas preñadas de
pasión por la vida,*

*de ideales que nacían desde mi
propia carencia.*

Caminé el camino solo.

*El equipaje pesaba, molestaba,
interrumpía mi desempeño en la
vida*

*hasta que un buen día, fue en una
mañana de colores esperanza y
tierra fértil,*

*el Cristo me alcanzó, quitó mis
cadenas, me perdonó,*

*me perdoné por mi escasez
espiritual.*

*Caminé por veredas de justicia y
paz, la alegría era mi compañera,*

*el grito de guerra comenzó a ser el
amor, me convertí en
revolucionario,*

*con ideales propios, no más
controles desde el exterior.*

*Culminé exclamando alabanzas
divinas, con agua que, si la
pruebas,*

jamás tendrás sed.

Fue en una madrugada fría que escuché aquellos sollozos que nacían de un alma en dolor, cuando comprendí que, con la muerte del guerrero, era el principio de una crónica de amor que llegaba a su fin.

Durante cinco meses estuvimos intercediendo para ver si el milagro bajaba del cielo.

No sé qué sucedió; todo marchaba bien, el día antes de mudarse a la eternidad. Le dieron la noticia que al día siguiente era dado de alta, pero murió cómo un mártir, con el cuchillo de guerrero en la boca, peleando, combatiendo.

Su cuerpo estaba quemado por la radiación, pero su alma estaba libre como un pájaro mañanero.

Se cuentan muchas historias de él; una en particular me llamó la atención. Resulta que existía un abusador en el vecindario campeando por su respeto, precisamente ese día, el susodicho, golpeaba a una dama, el guerrero intervino sin saber que el individuo era boxeador, dijo: "Deja de golpearla", pero el individuo la emprendió contra el justiciero guerrero. Comenzó la pelea y el guerrero redujo a la obediencia al maltratante. Fue la noche más larga de mi vida y, éstos siete meses han sido eternos.

Gracias por el tiempo brindado, la pasé muy bien. Aprendí a quererlos a ti y al guerrero.

Gracias por las vigilias de amor mirando las estrellas, por los recitales que creaba para ayudar a tu inquieto intelecto.

Camina el camino de la fe hecha a mano con verbos y metáforas para crear tu dulce realidad en este lado de la eternidad, hasta la victoria final del Maestro.

Se me escapaba la vida.

Sentía que moría lentamente. Discursos elocuentes me entraban por un oído y me salían por el otro.

Mi olfato no se deleitaba con el olor a muerte que me perseguía para empujarme y que cayera estrepitosamente sin que nada pudiera hacer. Silvio, Pablito, Blades ya no me transportaban al mundo de metáforas con un universo pintado con la palabra respeto.

Sermones tan claros sin poder entender qué querían decir. Así yo estaba, inconcluso, dividido en fragmentos de lo que la vida me legó.

Miraba, pero no veía; razonaba sin que pudiera apropiarme del insumo de lo razonado.

El amor por el país se consumía ante mi vista en la revuelta por los derechos de los pobres, sin que pudiera hacer nada y mi corazón la traía a ella...

Bella, sin rostro, apasionada, sin juntar la piel; elocuente, sin pronunciar palabras; sutil, destrozando mi corazón.

Me apresto a seguir la marcha. Ya mis ojos pueden ver, mi olfato, oler los manjares de la vida.

Mi amor por la patria regresó, ya puedo escribir de la alborada de la vida, de la redención de los pueblos.

Un milagro se apoderó de mí, devolviéndome la pasión por vivir.

Hoy me hago poema, canción disonante, hasta despertar la cordura de la justicia por los menesterosos.

Me convierto en uno de los invisibles, indigentes, para sentir el oprobio de los poderosos con cuentas en bancos extranjeros.

Los que creen que el tener mucho les da el derecho para humillar maliciosamente con el propósito de destruir.

Seco mis lágrimas y las ofrendo en ayuno solidario por las causas más apremiantes de la nación.

Converso con mi soledad, tomo café conmigo, hago la fila del cine... imaginándote a mi lado.

Sonrío y me apresuro a pasar a la próxima estación de la vida, dejo atrás mi querencia de amor, me preparo para cumplir mi propósito y proyecto de vida.

Camino la senda confusa, alucinante, donde no se puede distinguir el camino que debo tomar.

El corazón me da unas coordenadas, la razón y la lógica me llevan por lugares que, a simple vista, son los correctos. Pasos lentos tratando de distinguir la tierra que me lleve al destino acertado.

Divago. Mis ojos se oscurecen opacando la visibilidad de la parábola del buen samaritano. No me queda más opción que emprender la ruta sin ti, sin tu aliento, sin tu pasión, sin tu rebeldía de guerrera proletaria.

Dejar atrás las metáforas encantadas de tertulias nocturnas, cuando nos dormíamos piel a piel.

Ya pronto amanecerá y solo quedará tu recuerdo pintando universos de paz en mi corazón.

Hasta nunca y hasta siempre.

Mi prosa va para los que pasan infortunios en la vida y nadie los mira. Para el chico que pide en la luz, paradójicamente, la luz que necesita irradia desde adentro.

Los menesterosos sufren la opresión de un sistema clasista, déspota, de burgueses de cartón reciclado desde un alma oscura y juran que son los salvadores del mundo.

Mi querella se expresa por los que no tienen voz, los drogaron con retóricas de pulguero perfumado con esclavitud mundana, nauseabunda.

Levanto un grito silente de guerra con estruendos de justicia libertaria. Jesús me asiste; también don Pedro y el obrero que explotan viciosamente hasta herir el alma.

Escribiré de liberación espiritual, moral con estructuras celestes. Redención es el lema de eternidad en nuestra casa para siempre.

No vuelven, a menos que la memoria se remonte al pasado y camine por la ruta de la niñez; sueño fugaz.

La vorágine de la selva nos hizo envejecer, pero nunca pudo robarnos la ilusión de tiempos mejores.

Nos han adormecido la conciencia, han tratado de desaparecer el ímpetu de Manolo el leñero, de Cancel, de Lola.

El Cristo aparece en la escena y nos muestra revolución como cambio, no como guerra.

El niño renace en nosotros cuando tenemos la virtud de tomar la barca de la libertad y navegar mar adentro.

Un mejor mundo es posible desde la nobleza de un niño con alas de renacimiento espiritual.

*No juzgo tus razones sin razones
para tu decisión.*

Juez hay solo uno.

*Te marchaste en silencio, en
apatía,*

*hablando con el lenguaje del
silencio.*

Entendí que nada nos pertenece,

*que no eras de mi propiedad
privada,*

*que tienes que caminar tu propio
camino,*

encontrar tu propia ruta, tu cauce.

Camina amada mía.

Ve, busca tus sueños;

*lucha, pelea, combate, no te
amilanes.*

*Burguesa de conciencia proletaria,
de causas nobles,*

de besos encantados

*Ve en paz, segura, victoriosa,
alegre.*

*Yo seguiré la ruta de la soledad de
un amor que no llegó a ser.*

El tiempo nos traicionó.

*Hasta la victoria final de nuestra
redención en eternidad.*

Te vi partir y la madrugada presagiaba tu destierro hacia la tierra del dolor y la apatía.

La última ocasión que te vi, la pasamos de maravilla. Nuestros cuerpos se juntaban y hablaban el dialecto del amor: miradas, mimos, caricias salpicadas con cierta complicidad de dos amantes que juegan el juego de la santa seducción.

Yo te leía textos escritos para ti y tú ponías tus manos sobre mi cabeza e impartías el lenguaje del amor al orar silentemente por mí.

Miro atrás y te pienso cada madrugada cuando el gallo canta. Tu diáfana voz me dice: "*No pudo ser; mañana, nadie sabe*".

Juego a ser pájaro y vuelo sin coordenadas a ver si coincidimos en el intento.

*Fui deambulante peregrino por
amor*

*Caminé largas distancias
geográficas*

*buscaba una querencia que
comenzaba a nacer*

en mí

*Pasé frío, tuve sed y no tenía agua
para beber*

Tuve hambre y ayuné la luna

*Tuve frío y mi colchón era la yerba
del camino andado*

*Vi y sentí la soledad de los
menospreciados de la nación,*

sin tener la solución

*Filosofé de marginales, de
plusvalías, de capital*

El amor se iba alejando,

*anunciaba el final de la historia de
amor*

Decepciones, frustraciones

*tristeza encarnada en un cuerpo
de mujer*

*La soledad vino a hacerme
compañía*

*Una mañana de febrero el amor
llegó a mi vida*

ya no soy más indigente.

El Cristo me encontró

*me dio un nuevo destino de
salvación eterna,*

justicia social en eternidad.

Vienen tiempos que huelen a navidad. El color gris se transformó en prisma de claridad y paz.

La tormenta cesa y en el cielo se pinta una silueta hermosa: el Creador elaborando dicha y bienestar que te sostendrán, alimentando tu alma.

Llorarás de alegría, los niños por fin tendrán un mundo unido, un lugar donde jugar el juego sano del amor.

Correrás y no te fatigarás; una fuerza inconmovible caerá sobre tu vida y los tuyos. Los milagros comenzarán a manifestarse desapareciendo la tristeza y la apatía.

Resurgirán peticiones que serán contestadas de manera sorprendente.

Entonces, el Redentor será conocido en todo el mundo y renacerá la paz, la esperanza y habrá justicia sobre este mortal y los pobres del mundo.

Destinados al abismo, no tienen quién cuide de ellos. Sufren la desigualdad de un mundo hostil. Mueren en la soledad de los condenados.

Servicios de salud tercermundista y nadie protesta, porque te ponen en una lista negra.

Ausente de voces que emitan opiniones con conciencia de bienestar. "*Mejor me voy a morir en paz a mi casa*", susurraba una persona con una tristeza profunda.

Negligencias e insensibilidad son la orden del día.

Y una mujer tomó el micrófono y pronunció el discurso más hermoso que he escuchado en la vida. Abogaba por los que no tenían defensa, los invisibles, las caras del dolor que la vorágine del mundo opacó.

Hoy, levanto mi voz por los que no tienen por qué vivir.

Hoy, tú me faltas para juntos conjugar metáforas de justicia social y traer el cielo a la tierra.

Ministros invisibles.

Altares y plataformas de hule.

*Pisan la tierra diabólica de la
maldad,*

con fundamentos egocéntricos.

*Se esconden cuando la necesidad
agobia,*

toman puestos de dignatarios

*mientras practican la dejadez y
reparten culpas.*

Obvian la necesidad ajena

*a favor de sus cuentas bancarias
en populares bancos.*

*¿Qué harán cuando el Dador de la
vida les pase factura?*

¿Qué excusas darán?

*Escucho la voz clara de Dios:
"Apártute, nunca te conocí".*

*Se quedan con las 99 ovejas, pero
no salen a buscar la pérdida.*

*Vidas duales, camaleónicas,
infelices.*

Detractores de la justicia divina.

*A Jesús algún día lo veremos en
los aires,*

*en búsqueda de su pueblo; ahí
será el crujir de dientes.*

Emprendo el camino hacia dimensiones insospechadas, propósito de la vida puesto en función.

No me detengo a llorar por un amor, porque existen tantas cosas por las cuales dar gracias: la familia, los amigos...

La poesía toma forma de vida, escribiendo día a día de realidades justicieras para la humanidad perdida.

Abrazo a mis hermanos, les dejo en su mirada el amor sembrado que germinará en seres humanos de luz celestial. Me apresuro a continuar la jornada sin ti.

Mañana, quién sabe si nos encontramos para volver a vivir. El Creador dispondrá, pertinente, lo mejor, lo que nos haga felices.

Te veo al doblar la esquina y te contaré historias de amor en realidad eterna.

Fui llevado a las alturas con toda premura. Angelicales seres imponían sus manos sobre mi pesada anatomía.

De repente, un misterioso personaje llegó a la escena de los hechos. Su mirada era color paz, su pelo, anárquico y habló un lenguaje que yo no podía entender.

Miré sus pies con pisadas amplias de las millas caminadas para llegar a mi rescate. Sentía una paz inexplicable, su amor tenue, pero feroz como un león.

Mi vida estaba casi perdida, Él sopló aliento de vida, la luz se volvió a prender. Una voz me decía: *"Ve y cuéntale al mundo que yo soy veraz"*.

*He descubierto mi propósito, entre
lágrimas y desventuras,*

*cuando la vida se pone dura y se
necesita una mano amiga.*

*He alzado tenuemente mi voz
comunicando reconciliación.*

*Abrazo al triste, hago reír al
abatido,*

aunque mi vida esté hecha cantos.

*Doy la milla extra brindando la
mano, la generosidad*

y la empatía con la tierra mía.

*Amar a mis enemigos, ¡qué difícil!,
pero lo intento*

*doy agua al sediento, reparto el
capital con equidad,*

*doy un plato de comida sin mirar,
siembro la semilla de la salvación,*

*no desde el púlpito, sino desde la
calle,*

*creo escudos celestiales, sabiendo
que todos somos iguales,*

pero tú me faltas.

*Tú me complementabas desde tu
abrazo sanador.*

*De todos modos, saldré a caminar
y,*

*en una de las vueltas de la vida,
nos volveremos a juntar.*

*Nadie nos podrá parar, tu sonrisa
será mi alimento,*

*tus manos mi aliento y tu risa
silente, la energía de mi corazón.*

*De la mano del Señor nos
amaremos tú y yo.*

Quedaron abrazos de solidaridad eterna sin darse, consuelo que ofrecer, pésames desde el alma abatida, dolores que vivir y sentir colectivamente; perdones que ofrecer.

Se muestra empatía de miradas ante tan desgarrador panorama.

No juzgo tus razones, no emito comentarios acusadores; el tiempo nos quedó corto.

El amor caminaba rumbo hacia la eternidad, pero la vida nos jugó mal.

En la distancia, recibe los abrazos que no te di, los pésames que quedaron en modo de espera, en lo que la vida llega; las miradas desnudando el alma y, desde el perdón, fabricaremos un mundo de justicia y amor.

Te vi partir sin mirar tu silueta de cristal partida en pedazos por el dolor infernal que la vida te causó.

Aquí estaba yo, con los brazos abiertos para abrazarte, mitigar la soledad, acompañarte en el intento, sabiendo que dos son más que uno.

Me dejaste la opción individualista de suplicar al cielo por tu vida, para que la vida no te consuma, convirtiéndote en una mujer de hierro.

Mientras escribo, llueve a cántaros, anunciando la purificación de tus dolores, sanando toda herida con el agua, que quien beba de ella no tendrá sed jamás.

Me convierto en escudo protector hasta que el dolor y la apatía corran de tu vida, amiga mía.

Cierro los ojos y elevo una súplica al cielo para que te rescate y te ponga en territorio certero.

Seguiré caminando y peleando la buena batalla de la fe, no para entretener, sino que forjaré alianzas estratégicas diseñadas para la salvación del alma; no de los bolsillos de los capitalistas, que juegan a entretenerse manipulando las mentes de los transeúntes de camino, cuando el único camino se consumó en la cruz redentora del Maestro.

Alabaré desde el trabajo social, adoraré llenando el estómago de comida de los iluminados que viven debajo del puente, pediré perdón, sembraré mis rodillas, miraré a los montes esperando que el oportuno socorro alcance a la patria, para que sea redimida y el fruto esté listo para la siega.

Cerraré los ojos y te imaginaré a mi lado, tomados de la mano, uniendo esfuerzos, haciéndonos puente para que pasen nuestros hermanos.

Siempre merece la pena vivir, disfrutar del arte, de las cosas buenas que nos ofrece la vida: Serrat, Blades, Bach...

Caminar los surcos de la tierra bendita, la misma que nuestros antepasados sembraron con dicha. Mirar el mar, cerrar los ojos y construir universos de paz.

Siempre merece la pena abrazar a un viejo amigo, levantar una plegaria al cielo por nuestro suelo borincano, construir utopías desde la fe que lo incluyan a Usted.

Un sorbo de café en la madrugada acompaña al pensamiento de que habrá un mejor mañana.

Añoro volver a levantarme y comenzar la faena junto a ti, si llegas y, si no llegases, convertirme en viento, en colores de esperanza, en armonía, continuando la travesía.

Tiempos de tormentas, tristezas que abruman al corazón, despedidas que dejan heridas, razones sin razones, palabras que nunca se dijeron, pésames guardados muy adentro en el corazón, impotencia causada por una tragedia, solidaridad a la distancia, gemidos que nunca escuchará...

Percibo las miradas esquivas para salir enseguida.

Entonces, vienen a mi mente las palabras de don Sergio: *"Querido Jaime Oscar, imita siempre al sol que vuelve a salir luego de cada tormenta, te llenarás de colores esperanza, danzarás la canción de la alegría, escribirás tu mejor poesía, nunca la olvidarás, pero sanarás, servirás a la patria mía y, en uno de los vaivenes de la vida, la encontrarás redimida"*.

No te digo adiós, sino hasta luego. Caminaré por caminos de flores y espinas, amiga mía. Un orgullo haber compartido una jornada de tristezas y alegrías, compartir mi musa siendo tú el eje de tal atracción.

Los abrazos que nos dimos, los celebro y los que no, quedan pendientes para la posteridad. Lo primordial es que puedas estar bien, que puedas caminar el camino dejando atrás el dolor.

Pido al Señor que te cuide y que estés mejor. Yo, mientras tanto, te pienso, te imagino completa con tu sonrisa color felicidad, con tu corazón en paz.

Guerrera incansable, luchadora de convicciones; proletaria, equitativa.

Ojalá y la vida te pueda volver a sonreír. Recuerda que estaré desde el clandestinaje, por si me necesitas.

Camino entre dos caminos, uno de rosas y otro de espinas. En ocasiones, creo estar caminando entre rosas y, cuando me percato, mis pasos me dirigen por el camino de las espinas.

¡Tremenda disyuntiva la mía! ¿Le hago caso al corazón o a la vista?

Uno de fe, otro de ciencia. La fe y el raciocinio debaten posturas, uno dice creer sin ver; el otro, analiza que sea verídico; dualidad de caminos los míos.

Decido cerrar los ojos y soñar desde la utopía, desde metáforas preñadas de dinamita, el amor se impone dando por resuelta la querella, he decidido vivir por fe hasta que muera.

Hoy es día de luchar, de perseguir los sueños, de hacer proezas, de comenzar de nuevo, de soltar las amarras que te atan a la depresión y la adicción a creer que no puedes, que no eres capaz, menospreciando los dones y talentos adquiridos del cielo.

Construye patrias nuevas, imparte sonrisas a los invisibles, a los que sufren; caras del dolor en espera de una mano amiga.

Modela a Jesús desde la acción, el ejemplo; deja de prostituir el templo, no creas que sanas almas como lo hace el Maestro.

Sirve desde la humildad, ayuda a erradicar la maldad, ama con intensidad, rompe moldes.

Transgrede el odio con el amor, vive la vida y ríe curando heridas.

Solidaridad, empatía, palabras silentes en la tierra mía.

Es sentir tu dolor, es hacerlo mío; vivir tu desgracia como si fuera mía, calzar tus zapatos con amor y sintonía.

Es sentir los gemidos de tu corazón como si fueran los míos.

Es pararme en la brecha, sembrando mis rodillas.

Es abrazarte a la distancia, que lo sientas en el alma, es llorar contigo, caminando el camino, acompañarte hasta que pase el martirio.

Es mirar tus ojos, comprender en el lenguaje silente compasión por ti.

Te envió mi abrazo a donde quiera que estés, para que sepas que siempre estaré presente con alma, vida y corazón.

Terminó todo sin fe, sin esperanza, pesados los pasos y lento el hablar. Sin razonamiento, buscando pretextos, culpables, víctimas.

Mi vida se hizo trizas mientras huías hacia la arena movediza. Confusiones, ilusiones, amores, desamores...

Mi mente circulaba en la misma monotonía, sin poder hacer por la amada mía.

Me quedé sin salidas, avenidas cerradas, clausuradas, buscando mil razones que me dieran esperanzas, sin encontrar ninguna que llenara mis expectativas.

Hui a pasos agigantados, salí volando cual águila herida, sin ver una salida. Todo era nefasto, tanto, que yo mismo me espanté.

En esa peregrinación me encontré con un forastero que me dio conversación; no distinguí que era Jesús.

A mí acudió, me vendó las heridas, me inundó con su amor.

Su solidaridad me asombró y su amor me cautivó.

Mi escuela fue el ateísmo. Desde muy joven me apasionaba leer esos libros.

Estudiante mediocre, retraído, distraído, golpeado por el abismo de tener un padre y nunca haberlo visto. Se alejaba de la casa y cuando regresaba, un hombre irreconocible era quien llegaba.

Crecí en la vida con desilusiones, fragmentaciones y divisiones. Una parte de mí lo quería, la otra parte lo odiaba.

Divagué por caminos oscuros, conocí a muy temprana edad el prejuicio de los que dicen ser representantes celestiales, pero de eso no tienen nada en lo absoluto.

En esa travesía por la vida, yo buscaba el camino y el camino me encontró a mí.

Entendí que Jesús era mi única alternativa, así que decidí darle mi vida.

Perdoné en amor a mi amado viejo.

Ahora, cada vez que el peligro me asedia, voy a la cruz donde todo comienza.

"*Hoy mi deber*" es escribirle a la patria, izar la bandera, presentarme a la huelga, gritarle en la cara, hablar de libertad, justicia social, ir al servicio, buscar la verdad, pero tú me faltas. Hace tantos meses que no te tengo.

Pienso en tu beso haciendo escaladas en mi boca, hoy que tenía que entonar una alabanza.

Me vivo esto solo; me salta una lágrima. Le doy imaginación a mi pluma, me escondo de mí, me las paso solo…

Hoy he vencido creándote en mi mente, creyéndote presente, acariciando tu pelo, abrazándote de frente y creo que lo he logrado, soñando tu amor, teniéndote a mi lado.

(Inspiración de la canción "Hoy mi deber" de Silvio Rodríguez)

Eres águila, vuelas por encima de la montaña, hasta llegar a alturas insospechadas. Desde la cúspide tienes el panorama en tus alas, renuevas tu pico hasta convertirlo en añicos.

Saliendo del laberinto, el dolor toma forma de guerrera, peleas grandes batallas.

Ni tú misma conocías la resistencia adquirida con los golpes recibidos en la vida; por eso eres como el roble, nada te detiene; como el trigo que se convierte en levadura.

Heredaste la valentía del Josco. "*Si el dolor te abate*", lloras, pero te levantas con más ímpetu, desafiante, erguida de dignidad, valiente como Agüeybaná.

Admiro tu valentía. Sé que saldrás de esta más fuerte. Los valores te llevarán a ayudar a los desvalidos.

Esa es tu misión y tu destino.

Yo quiero ser brisa que sopla en tu interior en tiempos de dolor; la mano amiga en medio de la pesadilla.

Quiero caminar, junto a ti, la milla extra; ser tus ojos en medio de la oscuridad; convertirme en tu mañana hasta que tu corazón sane.

Seré tu abrazo desde mi alma y, sin reparos, convertirme en muralla fortificada, devolviéndote la esperanza.

Hoy soy tu lazarillo mostrándote la ruta hasta que la situación tome normalidad y puedas entender la verdad. Soy tu guerrillero de amor; tu palabrero, tu justicia eternal.

Sola nunca estarás. Mientras yo tenga aliento de vida, correré lentamente el camino, mostrándote que se hace camino al andar.

Pasarás al otro lado con Jesús cómo tu amigo especial.

Salgo a caminar,

seco mis lágrimas,

degusto un buen café,

*disfruto una madrugada en el
campo*

mientras observo a una rana.

El sol me pega en la cara,

el paisaje cambia de color,

*escucho a Andrés, al Topo, a
Lalo…*

*Las armonías cautivan mis
emociones,*

*las letras me dan razones para
vivir.*

Vuelvo a disfrutar a Abelardo

y la historia de Peyo Mercé.

*Escribo utopías que son fabricadas
por mi conciencia proletaria.*

*Converso con Jesús "el pelú
anárquico",*

*el que rompió paradigmas, el
humano,*

el que lloró a su amigo Lázaro.

Entre tanto, coincidimos en la travesía

y, hoy, te puedo llamar "amada mía".

El milagro de ver un nuevo amanecer, de ver
los niños correr con ingenuidad santa, es
aferrarme a la esperanza, es entonar una
alabanza que traspase los límites de la cordura.

Con premura, pero despacio, me propongo dar
mis próximos pasos: es leer a Borges y a
Abelardo, es levitar, transgredir el orden del
mundo para entrar en el tiempo de Dios.

Es reír a carcajadas sin importar lo que vendrá
mañana. Es luchar por la patria borincana,
hasta verla realizada.

Es verme en tus ojos de futuro promisorio
juntando nuestras almas en acuerdo mutuo.

Es recorrer el camino, juntos o separados, pero
llegando al mismo lado.

Es mirar al cielo y saber que estoy completo.

Mientras espero tu llegada, me gozo la jornada, camino en dirección del camino y la verdad, sin que nadie me pueda parar.

Leo un buen libro, degusto mi paladar con palabras que puedan edificar.

Doy un plato de comida al hambriento, le hablo de tu verdad, que tú eres dador de vida.

Puedo en ti confiar, caminar la senda por los dos, levantándote la moral.

Camino la milla extra contigo hasta que puedas sanar.

Hago tu dolor mío, brindándote mi abrazo fraternal.

Te abrazo a la distancia, contagiando todo tu ser. Soy tu amigo, confidente, el hombre creado por Dios para ser tu compañero toda la vida.

Lanzo metáforas salpicadas con sal de la tierra
que le dan sentido y transforma a los heridos
por el odio.

Los responsables: una élite de conciencias
aberradas, enajenadas y sin pudor. Solo
causan dolor, destrucción; maldición que
empuja a los semejantes por el precipicio, hasta
convertirlos en presas fáciles de los delirios de
un mundo enfermo sin equilibrio.

Propongo guerrillas de hombres y mujeres que
aún quedan vivos, para tomar los destinos de
nuestro país, usando como ametralladora el
Sermón del monte.

Propongo llevar buenas nuevas de salvación,
para crear una revolución que nadie pueda
parar, hasta construir la patria libre, gobernada
por Dios.

Mundos frívolos, superficiales, triviales. Bustos más importantes que el intelecto; nalgas más importantes que la espiritualidad.

Carecemos de autenticidad. La hija de fulana luce la ropa más atrevida de los premios; raperos jugando el juego de la muerte y no escapan por su vida, pero cuando Farru escapa, buscando la verdadera vida, le sueltan improperios tratando de anular el ingenio del Artífice del Universo de tan grandioso evento.

Mundo plástico en el que un auto es más importante que leer a Abelardo.

El mundo gira en dirección contraria y sus parafernalias son armas con fines de destrucción.

Le hemos dado la espalda a Dios, sin hablar de religión.

Mi oración, desde mi corazón: *"Jesús salva a todos los oprimidos y libera esta nación"*.

Decepcionado con la vida, me propongo caminar por otras avenidas. El paso lento, la mente incierta de cuál es la actitud correcta.

Todo salió mal, el camino se complicó y, entre ir y venir, me encuentro yo, exhausto. Una vez más, la tristeza se apoderó de mi corazón. A lo azul le llamo negro, a lo gris, ausente de color.

Veo la vida confusa y no puedo recordar tu sonrisa escalando peldaños, sin engaños.

Solo la ventana de la abuela quedó y, con ella, lecciones de vida, tratados de felicidad, amor puro sin contaminar.

Palabras de peso hacen escaladas en mi corazón, me llenan de ilusión. Me preparo para secar mis lágrimas, mañana, quién sabe lo que podrá pasar.

Cambiaré mi confusión por la sabiduría de la abuela; probablemente, allí, Dios me muestre su verdad.

Entregaron los ideales, el sistema se los tragó y los vomitó en tierras secas y estériles. Comenzaron comiéndose el mundo, gritando consignas de "patria o muerte venceremos" y adoptaron el ateísmo como socio mayoritario. Gastaron su dinero en actos de dudosa reputación, para luego venir a hablar de revolución.

Rafaelito, Lolita.

Desde la eternidad gritarán al unísono: *"¡Hombres sin dignidad!"*. Obviaron el sermón del monte, las sillas y mesas viradas por la indignidad humana. ¿Dónde quedó el sacrificio en la cruz del buen Jesús, las palabras pronunciadas al malhechor en el Gólgota? Sí, el pelú de pelo largo hizo el acto más revolucionario de la historia y nos entregó la eternidad, te pregunto: *"¿Aceptas el regalo de amor del maestro?"*

Ven y toma de esta agua, jamás tendrás sed.

¡Viva Puerto Rico libre!

Emerjo del dolor, la desventura; la vida ha sido dura. Un familiar que uno quiere muere prematuramente…

Las relaciones hermosas se tronchan por desgracias de la amargura de ver un ser querido sufrir, en un cautiverio, sin que nada se pueda hacer.

Las oraciones no escuchadas, posiblemente, pedidas incorrectamente.

Sollozos, dolores profundos, te cambian en un segundo, falsas expectativas a Dios, dueño de la vida. Nos toca ponernos en el lugar del otro, abrazarlo, murmurándole al oído: *"No estás solo"*.

Rostros y corazones desfigurados por el dolor; nos toca remontarnos cuando Dios sí contestó.

Pasamos revista de la vida, conduciéndonos a la cruz, al sacrificio perfecto, a la salvación eterna. Solo podemos decir: *"Gracias Dios, por salvarnos con vida de eternidad"*.

Mis ojos comienzan a palpar un universo de oportunidades. Pinto con mi pluma universos de paz. La bondad toma forma de piedad. La dignidad me toma de la mano, camino a pasos de esperanza y agradecimiento en un mundo incierto.

Abrazo al muchacho de la esquina, le brindo un almuerzo, le predico, no con palabras; modelo a Jesús para que pueda mirar a la cruz.

Con actitud de llegar a Jesús, me levanto en la mañana y agradezco a la vida por las cosas que tengo y las que no; ya llegarán si es necesario.

Emito sonidos libertarios, protesto silentemente por mi gente, siembro las rodillas, florecen flores con los más espléndidos colores; pienso que un mejor mundo es posible.

Mi púlpito es la calle, mi plataforma, la esquina.

Hoy decido ser feliz imitando al sol que vuelve a salir después de cada tormenta, abriéndonos la puerta y el que la abre jamás la cierra.

Hoy alzo la voz por los oprimidos, por las caras del dolor, por aquellos para quienes la desdicha ha sido su compañía, caminando por espinas, tomando sorbos de amargo sabor.

Son los olvidados bajo un puente o en una casa abandonada, posiblemente pagan el precio en un hospital por la burocracia rampante que azota sin mirarte.

Hoy el amor alcanza a todos los sufridos, pobres, a los raquíticos de espíritu, los nutre con una fe palpable, sin negarle la posibilidad de que se puede cambiar.

La educación toma forma libertaria, aleja el conformismo, se enfrenta a la dura realidad con tenacidad.

Hoy la cruz se hace urgente para toda la gente, la resurrección nos llega desde el cielo con visas de amor; llegó el día de volver a vivir.

Mi fe puesta a prueba. Situaciones escalofriantes me producían una honda pena al ver a mi amada transfigurada por el dolor, la desolación, sin entender por qué había sucedido tal desgracia.

Comprendí tantas cosas. Mis ojos fueron abiertos, puse en juicio a mi máxima fe. La soberanía y la voluntad de Dios me fueron revelados.

No había nada que yo pudiera hacer por la mujer amada; llorar con ella, sembrar mis rodillas mientras espero rosas nacer a la orilla.

Hoy solo me resta creer que Dios es bueno, aunque no entendamos y, mientas yo viva, a ella le daré la mano, la cubriré a la distancia con un amor sano.

El dilema es: ¿Me siento en primera fila a esperar la muerte o continuo mi jornada inventando un camino donde no lo hay? Mi mente me dice que me conforme con esperar la muerte, sin propósito alguno. Viniste al mundo a sufrir sin esperanza alguna.

El espíritu me dice: *"Rompe los barrotes que te paralizan, emprende de prisa con paso lento, pero persistente, a llevar el mensaje de reconciliación a la gente"*. La mente me dice: *"Eres un fracasado"*. El espíritu riposta de manera asertiva: *"Viniste a este mundo con asignación divina"*. La mente me dice: *"No se puede"*, el espíritu le responde: *"Eres libre, soberano, destinado a llevar buenas nuevas de salvación"*.

Finalmente, el espíritu le dice a la mente: *"Enmudece, haz silencio. Este hombre le pertenece a Jesús autor y consumador de la fe"*.

Me toca comenzar la travesía sin ti; no hubiera querido que fuera así. Atrás dejo recuerdos que me hicieron feliz.

Te dejo libre, vuela como una paloma mensajera, que va en busca de su estrella fosforescente, con pasos de frente a la vida.

Nos toca a ambos buscar nuestro cauce, sin que nadie nos dilate. Deseo, desde lo profundo de mi corazón, que te puedas encontrar con Dios.

Eres velero con una brújula en tus ojos, por si acaso el camino se torna borroso.

No hay culpables, ni vencedores, solo procesos de la vida que a todos nos toca transitar en un mundo que no tiene paz.

Siempre estaré para ti cuando más necesites de mí, pero, por ahora, nos toca viajar la vida separados, y cada cual, haciendo camino al andar, sin rencores, ni reproches.

Amigos en eternidad celestial.

Siempre he sido un luchador ante situaciones adversas de la vida. Me juego la vida por lo que creo.

Nunca tuve padrino, así que estuve solo, con limitaciones, como todos. Había algo en mí que me sublevaba a lo establecido.

Nunca fui buen estudiante; me educó la calle, las vigilias tratando de arreglar el mundo.

Me rondaron miedos, complejos, desvalorización por mis supuestos amigos. Idealista, soñador, tímido, de crianza difícil, así fui yo.

Se iba formando mi carácter; se dividía en dos partes: el inseguro, el atrevido que dormía dentro de mí. De vez en cuando, lo dejaba salir; seco, pero romántico, también, de verbos subversivos con metralla en la piel.

Uno me decía: "*Eres incapaz*", el otro me enseñaba a volar y, entre tanta dicotomía, se formaba la vida mía.

Fue en una madrugada fría que el Cristo me encontró, me perdonó, me limpió y me dio propósito. Me amó sin merecerlo y me dijo que para el que cree todo es posible. Me mostró de manera contundente a los marginados y oprimidos.

Cambió mi discurso, le dio esperanza a mi vida. Hoy puedo gritar a los cuatro vientos que soy independentista, pero primero es el Reino.

Viven dobles vidas... con la amante, las amantes, la querida. No tienen un ápice de decoro, juegan a tomarlo todo, miran con el rabo del ojo.

Adquirieron doctorados en el arte de mentir. Los encontramos en la política, también en los púlpitos. Son camaleónicos, cambian de color según el postor.

Te venden la salvación, manipulan asquerosamente diezmos y ofrendas. Si Jesús regresara a la tierra voltearía nuevamente las mesas.

Jesús, Amigo mío, Hermano mío, Salvador mío; visita nuestra isla y redímela. Transforma al ser humano, que todos nos demos la mano. Camina por los arrabales, también por los caseríos.

Pronuncia mensajes de salvación, también de redención. Habla del regalo de la vida eterna, que nadie se duerma. Ten a mi isla en tu agenda, paséate por los corazones lastimados por las circunstancias de la vida. Regálanos una sonrisa de amor eterno.

Volveré a comenzar, reiré hasta quedar sin aliento, disfrutaré la vida, la música, la pintura.

Me beberé mis metáforas y las expulsare en hechos de justicia social.

Continuaré la travesía, amaré con el alma; el soñador nunca desaparecerá. Contemplaré la obra de tus manos, te divisaré por una grieta que servirá de punto de partida para volver a empezar.

El amor será mi ideal, la salvación será mi discurso desde donde me impulso a volar cósmicamente por el bienestar de mi gente y en una noche inesperada encontraré unos ojos qué enciendan la luz que había sido apagada por la desdicha de tu partida.

Me apresto a ponerme las botas, a caminar
dando una nota irreverente que desarticule la
afinación perfecta.

Me dispongo a crear sonidos rústicos que
provengan del llanto derramado por la tristeza y
la apatía; a convertir la escala musical en notas
disonantemente bellas, traspasando los límites
de la cordura.

Abrazo abrazando con premura a los tristes.

Con firmeza camino para que mis pasos
marquen el compás de la liberación eterna,
para que mis palabras silentes creen universos
de paz, para que mi mirada distinga
empáticamente a los que sufren, dibujándoles
una sonrisa de esperanza.

Hoy me sublevo al odio; hoy propongo el amor
como ideal universal, hoy decido ser feliz.

¡Qué noble es la tierra! Cuando incrustas tus manos, te devuelve su ser en forma de milagro.

Alboradas mañaneras cantan la canción de la redención eterna.

Da a luz bonanza que alimenta a los pobres del mundo con generosidad.

Libre, vuela entre flamboyanes eternos de identidad nacional.

*Si hoy fuera mi último día en la
tierra,*

*inundaría de perdones todas las
avenidas de la vida,*

correría hacia el Maestro,

*le daría gracias por la vida que me
tocó vivir.*

*Escribiría metáforas encantadas
con el sonido emitido por el coquí,*

*abrazaría a todos mis seres
queridos y les confesaría mi amor,*

ejecutaría mi mejor entrevista,

*mi vista se adelantaría al
horizonte.*

*Profetizaría redención humana,
libertad para la patria,*

*vigilias santas comenzando desde
la utopía,*

*hasta realizar el cambio en la
tierra mía.*

*Buscaría los deambulantes y los
abrazaría,*

*me los llevaría hasta la morada
celestial.*

*Si hoy fuera mi último día en la
tierra,*

moriría,

*me mudaría en liberación nacional
y espiritual a la patria celestial.*

Murallas herméticas que embrutecen mi intelecto.

Verdades falsas con siglos de historia que cuentan absolutos, falacias ancestrales.

Moral con vítores de justicia, oprimen a los invisibles del mundo.

Ancianos tirados en las aceras pagan una culpa que no les pertenece.

Hombres tan pobres que lo único que tienen es plata; carecen de los principios básicos de la vida, esconden su cabeza como el avestruz, sin reconocer con plenitud su culpa.

No hay pulcritud, la vida y la avaricia los infló de inmundicias y decadencia abismal para hacer lo incorrecto.

Se miran en el espejo y se confunden con su sombra.

Dualidad existencial, sin que ningún bien puedan alcanzar.

Ego, prepotencia, inclemencia, demencia permean; fábulas amargas con agua estancada por el mal proceder.

Si Jesús bajara nuevamente a la tierra, se sublevaría con parábolas, rompería esquemas, citaría a un mitin y hablaría de amor, pero también confrontaría a los que se creen dueños del planeta.

Si yo me casara alguna vez, haría un pacto de amor en las montañas de mi tierra, donde el ruiseñor me sirva de testigo ante Jesús del amor que te profeso.

Besaría tu frente con amor santo, desnudándote el alma, penetrando y caminando cada recoveco de tu interior.

Permitiría que tus ojos alumbraran mi oscuridad con metáforas y utopías reales, alcanzables.

Tocaría tu pelo anárquico y lo convertiría en una revolución de amor.

Te haría mía desde el interior sin poseerte; tomaría tus manos y las pondría en mi corazón para que pudieras percibir el amor que siento por ti.

Nos quedaríamos dormidos, tú hablando desde tu perspectiva de burguesa de conciencia social y yo desde mis carencias, teniendo para repartir sensibilidad.

Te cantaría una canción de cuna; cuidaría tus sueños, entendería nuestras contradicciones.

Pero siempre el amor se impone.

Despierto del sueño y descubro que no existes; solo fue un invento de mi mente. Algún día te construiré y serás realidad palpable.

No sé de teología, tampoco de apología. Amo a la tierra mía, con escasez de conocimiento.

No sé muchos versículos bíblicos, soy empírico, cínico con los religiosos que venden su primogenitura por un plato de comida que da como limosna el invasor.

No tengo conocimiento intelectual, no tengo un lenguaje rebuscado, me hago entender y pagarán caro los que venden la salvación y la patria también.

No soy elocuente, establezco puentes con mi verbo cotidiano, dándonos la mano, construyendo para la eternidad, el mundo será salvo y la patria renacerá.

Dualidades de la vida, amores que terminan por situaciones de la vida.

El corazón quiere, no distingue la herida, por la causa pérdida. Cabalga junto al Quijote y Sancho y su enorme barriga.

Espejismos que confunden, sacudiendo la vida, no hay odio, rencores, ni cosas parecidas.

Respeto, empatía, son la orden del día. Hoy no pudo ser, mañana dirá la vida.

Amamos sin condiciones, sin hipotecar el corazón, sentimientos puros que vienen de Dios.

Hace días, meses que no te veo y aún recuerdo el primer día.

Pido un milagro con fe, esperando la contestación estoy.

Mientras tanto, hablo de amor, perdón, salvación y redención.

Hasta el final serviré al Maestro y a la patria.

Mi alimento será ver una patria unida en una misma voluntad, la de la hermandad, sinceridad, empatía... La del amor que se hizo pecado, sin ser pecado, siendo el camino a la liberación eterna, con su perdón y amor por la humanidad.

Se hizo hombre y protestó por las injusticias, avaricias, juntándose con gente de dudosa reputación, transgredió el odio, salvó en eternidad a la humanidad.

Acepta el regalo y vivirás eternamente donde el dolor, la enfermedad y la injusticia no prevalecerán; solo su perfecto amor regirá por la eternidad.

La vida es linda, sublime, retadora. Vivir es un regalo otorgado por la eternidad.

Debemos aprovechar el tiempo para crear conciencia de la responsabilidad que tenemos como seres humanos, darnos la mano, crear colectivos por el bien común, sembrar nuestras rodillas con fe y lealtad.

Los milagros lloverán, los que están tristes se alegrarán, la paz será alimento que todo paladar degustará. Nos acercaremos al creador, con Él viviremos por siempre en la patria celestial.

Aprendí a quererte en tiempos buenos y te seguí queriendo en tiempo de turbulencia, cuando la tormenta arrecia y la desgracia hace su aparición.

Aprendí a quererte en tu abrazo sanador, también en la distancia, solo con imaginarte en tu sentido de justicia y ninguna avaricia en tus expectativas.

Y cuando la vida sonríe y cuando llora; en nuestra primera cita en la iglesia y en mi irreverencia. Sale del corazón, no es una emoción, es un sentimiento genuino que fue construido a fuerza de dolor y desventuras.

Cuando la vida se pone dura, veo en tu transformación a la mujer que no eres y la que conocí en las tertulias en madrugadas de noches estrelladas y en el llanto que brota de tu alma; en mis recitales y en mis silencios.

Lo que siento es del corazón, por eso no tiene explicación.

Decidí quererte con defectos y virtudes, porque así la vida me lo exige.

Soy tu amigo ágape, también el que te quiere, el que está para ti por eternidad; solo la vida y Dios sabrán qué pasará. Hasta siempre.

¿Dónde se congregaba el ladrón que le pidió a Jesús que se acordara de él cuando ascendiera al cielo con el padre? ¿Dónde diezmaba? ¿De qué concilio era? ¿Dónde se bautizó? ¿Cuántas obras hizo?

Gracia, favor inmerecido del Padre para los que invoquen su nombre, milagro de eternidad para los oprimidos del mundo, igualdad terrenal y celestial para los que creen en su nombre.

No tiene religión, dogmas, favoritismos.

Los de Llorens, también los de Tintillo, si venden lo que tienen y lo dan a los pobres, el regalo está al alcance de todos, solo tienes que aceptarlo.

Seguir la ruta trazada, labrada, creada por Él, que es el camino, la verdad y la vida.

Amor revolucionario que los religiosos no entienden, tampoco los que juegan al marxismo.

Recibe la paz que solo Dios brinda.

Es linda, sublime, no antagoniza, pero confronta. Rompe esquemas de humanos, rompe sistemas económicos y provoca conciencia de justicia y eternidad.

La ventana permanece abierta, el tiempo la eternizó.

Los sueños se escapaban en la noche, jugaban a la fantasía de un mundo pintado con la palabra amor.

La vieja con su melena tejía sueños para el bienestar de la humanidad.

Sus plegarias llegaban, con olor fragante, hasta las alturas de la eternidad.

El sillón se movía de un lado a otro con el fino movimiento de sus manos santas; curadora de dolores eternales.

Sus historias de un pasado, en el que la dignidad aún campeaba por su respeto, formó mi ser, creó conciencia proletaria en mí, me mostró a un Cristo sin religión.

Hoy me parece verla cuando camino por esos lares donde me hice hombre.

Hoy mi mente la trae hasta mí para darme directrices de cómo se debe llevar la vida. Lo único que quedó abierto fue mi ventana.

Hoy vuelvo a soñar.

Auto Cool
& More
(787) 929-0281

Claims & Adjusters Solutions LLC.
787-627-4455
axelsantosclaims@gmail.com
claimsandadjusterssolutions@gmail.com

Ivyannette Villafañe